AF384772

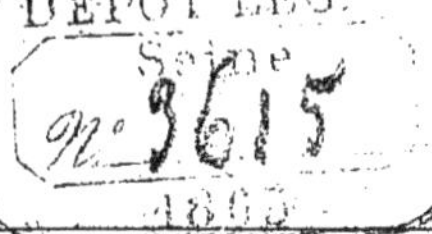

ÉLOGE

DE

M. DE SENARMONT

PAR J. BERTRAND

MEMBRE DE L'INSTITUT

PARIS

IMPRIMERIE DE CH. LAHURE

RUE DE FLEURUS, 9

1863

ÉLOGE

DE

M. DE SENARMONT

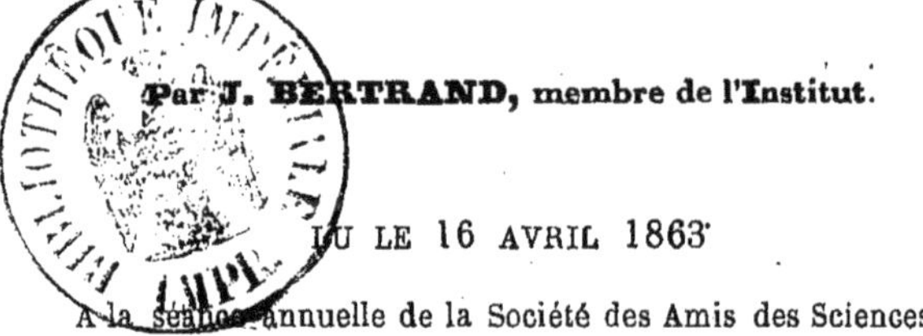

Par J. BERTRAND, membre de l'Institut.

LU LE 16 AVRIL 1863

A la séance annuelle de la Société des Amis des Sciences.

M. de Senarmont n'aimait pas les louanges ; il a voulu que la muette douleur de ses amis accompagnât seule son cercueil, et l'Académie des sciences, pour obéir à ses dernières volontés, s'est refusé la consolation suprême, de leur dire ce qu'il avait fait pour elle et ce qu'elle aurait eu le droit d'en attendre encore.

A Dieu ne plaise, Messieurs, que je vienne, au milieu d'un deuil qui dure encore, éluder la loi qu'il nous a imposée, et le louer seulement pour le louer. Il est trop haut placé dans l'estime de tous, pour que ma voix puisse essayer de le grandir. Nous ne pouvons rien pour lui, mais si je ne reste pas trop au-dessous de la tâche qui m'est confiée, sa mémoire peut encore nous servir. Il peut nous être profitable à tous de jeter un regard sur une vie de travail et de vertu, que les meilleurs d'entre nous, pourraient accepter comme modèle, et s'il était nécessaire de stimuler votre dévouement pour une œuvre déjà grande par ses résultats, l'exemple des hommes de bien comme Thénard, Geoffroy Saint-Hilaire, de Senarmont, et Moquin-Tandon, qui ont mis tant d'ardeur à la fonder, tant de zèle à la servir, tant d'activité à en partager la direction, vous affermira dans la pensée que nous sommes dans la bonne voie et que c'est un devoir d'y appeler avec nous les hommes de bonne volonté, que l'on trouve toujours nombreux, lorsque l'on veut bien les chercher.

La famille de M. de Senarmont occupe une place des plus honorables, dans les fastes guerriers de la France.

Alexandre-François, Hureau de Senarmont, le grand-père de notre confrère, était fils d'un capitaine d'infanterie, chevalier de Saint-Louis, tué au siége de Spire en 1755. Un de ses arrière-grands oncles, était mort, frappé de sept coups de feu, à la bataille de Cassano, en 1709, un autre arrière-grand-oncle, avait péri de même au siége d'Alby, en 1697.

Alexandre-François, Hureau de Senarmont, officier

d'artillerie distingué, faisait partie de ces bandes trop peu nombreuses qui, sous les ordres de Suffren et du marquis de Bussy, aidèrent Hyder-Hali, sultan de Mysore, et son fils, Tippo Saèb, dans leur résistance aux envahissements des Anglais. Le 13 juin 1783, il commandait l'artillerie sous les murs de Gondelour, et sa conduite, dit le rapport officiel adressé au roi, fut au-dessus de tout éloge. Dans ces luttes héroïques, mais rendues inutiles par l'imprévoyance du gouvernement français, Senarmont acquit la réputation méritée d'un excellent officier d'artillerie; mais cette réputation a pâli devant celle de son fils aîné, Alexandre-Antoine Hureau de Senarmont.

Alexandre-Antoine combattit glorieusement à Fleurus où il commandait l'artillerie du corps de Kléber. A Austerlitz, il défendit avec dix-huit bouches à feu, la position importante de Santon ; il prit part aux batailles d'Iéna, de Golymin, d'Eylau, de Madrid, d'Uclez, de Medellin et de Talavera ; il contribua de la manière la plus brillante à la victoire de Friedland ; les historiens militaires s'accordent à admirer l'emploi audacieux et tout à fait nouveau, qu'il y sut faire des grandes masses d'artillerie, et Napoléon, lui dut peut-être la première idée des redoutables batteries de Wagram et de Lutzen.

Il fut tué devant Cadix, le 25 octobre 1810 à l'âge de quarante et un ans.

Son jeune frère, fut le père de M. de Senarmont. Fidèle aux traditions de sa famille il servit d'abord dans l'artillerie; mais après avoir brillamment débuté, il se maria jeune et se retira du service pour consacrer sa vie à l'éducation de ses enfants. C'est par lui et sous les yeux de sa mère que notre confrère fut élevé. Leurs exemples et leurs conseils, contribuèrent à développer chez lui les excellentes qualités morales qui semblent avoir été héréditaires dans sa famille. M. de Senarmont eut le bonheur de conserver sa mère jusque dans ces dernières années; il aimait à dire que c'est à elle surtout qu'il ressemblait par son caractère et par la tournure de son esprit.

L'enfance de M. de Senarmont se passa à Dreux. Il y atteignit l'âge de 14 ans; puis il fut envoyé à Paris au collége Rollin, où il fit avec succès ses classes de quatrième et de troisième. Il obtint même un accessit de thème latin au concours général, mais l'année suivante il quitta le collége.

Déjà sûr de lui-même, il désira vivre seul et libre à Paris, en suivant comme externe les cours du collége Charlemagne, pour se préparer à l'École polytechnique. Connaissant sa fermeté et sa précoce raison, son père accepta ce plan, devant les dangers duquel beaucoup d'autres auraient reculé; il s'en trouva bien; la préparation si laborieuse pour la plupart des jeunes gens parut des plus faciles à l'esprit pénétrant de Senarmont. Il eut des loisirs, et en profita pour varier ses études et compléter son éducation littéraire. Il entra à l'École polytechnique en 1826 à l'âge de 18 ans.

Une maladie assezlongue l'ayant forcé à y passer trois années, il appartint à deux promotions différentes et eut successivement pour maîtres Ampère et Cauchy. Il admira leurs leçons dont il comprit toute la profondeur ; ni l'un ni l'autre pourtant n'étaient réputés habiles dans l'art d'enseigner ; mais qu'importe? si quelques mots de trop, ou hors de leur place peuvent enlever tout le prix d'une pensée fine ou gracieuse, une vérité scientifique a sa valeur propre, absolue, indépendante de la forme sous laquelle on l'énonce, et la parole inégale et sans suite d'Ampère faisait naître dans l'esprit d'un auditeur d'élite, des lueurs plus vives et plus durables que l'exposition méthodique et irréprochable du plus éloquent professeur.

Sénarmont, dont la parole pénétrante et animée fut depuis si bien appréciée dans la même enceinte, resta toujours convaincu que les hommes supérieurs sont les professeurs les plus utiles aux élèves, et il regarda comme un devoir dans les conseils de l'école, d'appeler à nous les plus grands noms de la science en tenant tout le reste pour accessoire.

En sortant de l'École polytechnique, il entra à l'École des mines, dont les cours duraient alors trois années, mais les élèves avaient la faculté de subir les examens en deux ans ; Sénarmont en usa et sortit le premier. Précisément à la même époque on décida qu'à l'avenir tous les élèves passeraient trois ans à l'école; cette décision eut un effet rétroactif, et Senarmont perdit le bénéfice de son succès.

Avant de devenir ingénieurs, les élèves de l'école complètent par un voyage d'exploration industrielle leur éducation encore un peu théorique. Chaque année des compagnons du même âge, préparés par de fortes études à bien voir et à tout comprendre, partent deux à deux et vont frapper à la porte des grandes usines de la France ou de l'étranger. Grâce au titre officiel dont ils sont fiers de se recommander, on les accueille presque toujours sans défiance; bientôt après on les retient avec affection en leur laissant parfois pénétrer le mystère des petits secrets, souvent sans valeur, que l'on cache si soigneusement au public.

Tout dépend pourtant de la bonne volonté des directeurs. Chacun est maître chez soi; pour être admis dans une enceinte soigneusement fermée aux curieux, il faut savoir se faire bien venir, et il est facile de désigner, au moment même du départ, ceux qui se feront ouvrir le plus grand nombre de portes et recueilleront le plus de confidences.

Le jeune Senarmont avait été élevé dans une famille pleine de distinction; ses manières ouvertes et engageantes montraient déjà sous l'enjouement de la jeunesse, une raison spirituelle et forte; il devait être au nombre des plus favorisés; son journal de voyages, rempli de détails intéressants, contient, en effet, de riches et précieux matériaux qu'il utilisa plus tard comme ingénieur, et un grand nombre de dessins choisis avec discernement et exécutés avec autant de soin que de goût.

L'année suivante, on l'envoya en mission temporaire à Rive-de-Giers, puis au Creuzot, où il reçut l'ordre d'aller prendre la direction de la grande et belle usine de Decazeville.

L'affaire marchait fort mal; le directeur s'était retiré, et la réunion des actionnaires avait demandé au ministre le concours d'un ingénieur de l'État; on envoya de Senarmont. Quelques mois après, tout était rentré dans la bonne voie, et l'on priait le jeune ingénieur d'accepter définitivement le titre de directeur.

Il ne fut effrayé ni par le poids des affaires ni par la responsabilité qu'imposent de si graves intérêts. Le savoir ne lui manquait pas, non plus que la vigilance et la résolution. Il avait déjà, pendant des jours difficiles, inspiré à tous confiance et respect. Il était d'ailleurs de ces hommes d'élite qui font tout ce qu'ils veulent faire; mais il prévoyait des embarras, suscités par les membres mêmes du conseil qui devait le seconder. Il croyait savoir que plusieurs d'entre eux désiraient secrètement la ruine de la Compagnie, dans l'espoir de racheter les actions à bas prix. Il refusa la brillante position qui lui était offerte et déclara les motifs de son refus. Il avait alors vingt-six ans.

M. de Senarmont, pendant toute sa carrière, s'est montré d'ailleurs fort indifférent à l'honneur d'occuper une position élevée. La considération personnelle dont il fut toujours entouré satisfaisait toute son ambition, et lorsque des amis trop zélés ont désiré l'occasion de fournir à ses talents un théâtre plus étendu ou plus brillant, il a toujours nettement et énergiquement désavoué leurs projets.

En quittant Decazeville, il fut nommé ingénieur à Angers. C'est là qu'il épousa Mlle Louise Feray; il eut le malheur de la perdre après quatre années de bonheur, dont le souvenir a jeté sur sa vie un voile de tristesse que ses meilleurs amis apercevaient seuls, mais qui l'enveloppa jusqu'à la fin en le dérobant au commerce des indifférents.

La science avait été jusque-là pour lui un utile auxiliaire dans ses travaux d'ingénieur. Décidé à fuir le monde et à se consacrer à l'éducation de son fils unique, il revint à ses anciennes études, distraction sérieuse et élevée qui convenait à son caractère. Dans ses travaux paisibles et solitaires il ne cherchait que le travail; il y rencontra une réputation durable et méritée qui ne se fit pas attendre.

Ses premières recherches ont été comme une préparation aux travaux qui l'ont si rapidement conduit à la célébrité. Dans l'impossibilité de tout dire, nous les passerons donc sous silence, malgré leur importance réelle.

Le premier mémoire qui ait attiré sur lui l'attention du monde savant est relatif aux modifications que la réflexion à la surface des cristaux imprime à la lumière polarisée. Il n'est pas nécessaire d'être physicien pour distinguer trois choses dans un rayon de lumière : la couleur, l'intensité et la direction dans laquelle il se propage. Deux rayons pour lesquels ces trois éléments sont les mêmes sont identiques pour nos yeux ; mais, quoique la vue soit le plus clair et le plus distinct de nos sens, *les véritables yeux du sage sont,* comme dit l'*Ecclésiaste, dans sa tête,* et les physiciens, en y regardant de plus près, sont parvenus à établir, suivant les cas, entre ces rayons de même apparence, des différences essentielles. Supposons, par exemple, que deux rayons de même couleur et de même intensité, tombés verticalement du haut de la salle, arrivent en même temps sur cette table ; il peut se faire qu'un même cristal transparent, leur étant présenté, laisse passer l'un et arrête l'autre complétement ; qu'un miroir qui leur serait présenté à tous deux, réfléchisse le premier en éteignant le second. Le même cristal et le même miroir, présentés autrement, donneraient des effets inverses et éteindraient le premier rayon en laissant subsister le second. On voit en effet, un même rayon tombant sur un même miroir, avec lequel il fait constamment le même angle, être réfléchi ou arrêté, suivant que le plan dans lequel il devrait se réfléchir est situé de telle ou telle manière. Le rayon vertical dont nous parlons pourra, par exemple, se réfléchir vers l'est, et sera brusquement éteint dès qu'on cherchera à le renvoyer vers le nord. Il n'a donc pas la même manière d'être par rapport à tous les plans que l'on peut conduire par sa direction, il est polarisé suivant l'un d'entre eux, perpendiculaire à celui dans lequel il peut se réfléchir. Il se distingue essentiellement de ceux qui, tout en suivant la même direction, seraient polarisés dans un autre plan ou ne le seraient pas du tout.

Lorsque Malus eut proclamé cette grande découverte, déjà en partie aperçue par Huyghens, on y vit tout d'abord un des faits les plus curieux, mais aussi, les plus inexplicables de la science. Un physicien auquel on eût demandé, il y a cinquante ans : Qu'est-ce que la polarisation de la lumière? aurait dû, pour être franc, ou seulement prudent, répondre : Je n'en sais absolument rien. Nous sommes plus avancés aujourd'hui, et, grâce au génie de Fresnel, nous connaissons avec certitude la nature du phénomène, ses causes, ses effets et, en partie au moins, ses lois.

C'est par la réflexion ou par la réfraction, accomplies dans des conditions convenables, qu'un rayon ordinaire acquiert la polarisation, et les physiciens ont dû déterminer par le raisonnement et vérifier par l'expérience, les lois suivant lesquelles la polarisation se produit ou se modifie, lors de la réflexion ou de la réfraction d'un rayon par les substances de nature diverse. L'effet d'un miroir ou d'une lame de verre a été complétement étudié par Fresnel. C'est le cas le plus simple. Mais les miroirs métalliques ou cristallins à opacité métallique, modifient plus profondément le phénomène. Les formules qui leur conviennent sont plus compliquées. C'est cette question, une des plus difficiles et des plus importantes de la physique, que Senarmont aborda dans son premier mémoire. Il y démontra ce fait important, que les substances cristallines douées de l'opacité métallique, impriment à la lumière des modifications tout autres que les miroirs homogènes-métalliques.

Dans un second mémoire sur le même sujet, Senarmont fit connaître un moyen nouveau d'étudier la polarisation nommée elliptique, et démontra plus simplement l'entière analogie des lois de la réflexion à la surface des corps cristallisés opaques et des cristaux transparents ; il crut pouvoir en conclure par une forte induction, que, conformément aux vues de Cauchy, les cristaux opaques réfractent la lumière suivant les mêmes lois que les autres, et sont doués comme eux de la double réfraction ; la seule différence est qu'après avoir pénétré dans leur intérieur, le rayon s'éteint à une petite profondeur sans donner lieu à aucun phénomène apparent. Les physiciens applaudirent au début du jeune ingénieur ; ils comprirent que Fresnel comptait un disciple habile et un continuateur de plus.

M. Senarmont avait révélé, en effet, dans ce premier travail, toutes les qualités nécessaires pour suivre les traces de l'homme illustre qui fut à ses yeux le plus grand physicien des temps modernes. Minéralogiste et physicien, comme la plupart de ceux qui suivaient la même voie, Senarmont était, de même que Fresnel, un géomètre très-habile, et ses premiers mémoires en donnent la preuve. C'est là une qualité sans laquelle un physicien peut rarement faire produire à ses propres pensées tous les fruits dont elles sont capables; mais la géométrie ne doit être pour lui qu'un puissant auxiliaire : quand elle a poussé les principes à leurs dernières conséquences, il lui est impossible de faire davantage et l'incertitude du point de départ ne peut que s'accroître par l'aveugle logique de l'analyse, si l'expérience ne vient à chaque pas servir de boussole et de règle. Senarmont, de même que Fresnel, ne l'a jamais oublié, et l'alliance si rare de la théorie la plus élevée avec les expériences les plus exactes, donne à ses travaux sur l'optique un cachet tout particulier.

Après avoir brillamment débuté dans l'optique, il aborda la théorie de la chaleur, pour laquelle ses connaissances acquises et ses premiers travaux devaient lui prêter un précieux concours.

Il étudia la propagation de la chaleur à l'intérieur des corps cristallisés. C'est un problème tellement important que l'on comprend à peine qu'il ait été si longtemps laissé à l'écart, car la question se pose pour ainsi dire d'elle-même.

Le mode d'expérimentation adopté par Senarmont est des plus simples.

Une plaque du cristal à étudier est percée par un trou central dans lequel une tige métallique pénètre à frottement, puis se recourbe à quelque distance de manière à recevoir l'action d'un foyer de chaleur qui peut la porter au rouge. La chaleur transmise par la tige au centre de la plaque se propage en tous sens, et, pour constater la rapidité inégale d'échauffement dans les diverses directions, Senarmont la recouvre de cire vierge qui entre en fusion dès qu'elle atteint une certaine température; la partie fondue s'étend à mesure que la chaleur se propage, et fait connaître par sa forme l'ensemble des points qui ont atteint en même temps une même température. Si le corps était homogène, la propagation étant égale dans tous les sens, la courbe limite de la cire fondue serait un cercle; dans le cas d'une plaque cristallisée, elle prend en général une forme elliptique à axes plus ou moins inégaux.

Rien de plus facile que de varier la direction dans laquelle les plaques sont taillées sur un même corps et de déterminer, pour chacune d'elles, la forme de l'ellipse correspondante et le rapport de ses axes. Mais pour choisir les directions les plus propres à mettre en évidence la loi des phénomènes et déduire les lois générales de propagation non plus dans une plaque, mais dans un corps indéfini, il fallait à la fois une connaissance approfondie de la cristallographie et l'habitude des raisonnements mathématiques. Rien de tout cela ne manquait à Senarmont. L'Académie approuva pleinement son mémoire, et M. Biot déclarait, en en rendant compte, que le travail de M. de Senarmont, pour être conçu, entrepris et si complétement exécuté, exigeait une réunion rare de connaissances précises en physique générale, en cristallographie et en optique, mises en œuvre par un excellent esprit.

L'optique, en effet, jouait un rôle important dans l'interprétation des résultats obtenus. Les expériences montrent dans chaque cristal l'existence de trois axes de conductibilité calorifique. Contrairement à ce qu'il eût été naturel de croire, ces axes diffèrent en général en direction et en grandeur des axes d'élasticité optique; mais il ne faut pas trop se hâter d'en conclure la preuve sans réplique d'une différence essentielle entre les phénomènes calorifiques et lumineux; les axes d'élasticité optique varient, en effet, d'une couleur à l'autre, et Senarmont a remarqué qu'il suffirait de supposer la chaleur comparable, non plus aux radiations lumineuses ordinaires, mais à des radiations jouissant des propriétés des rayons rouges encore exagérées, pour que les axes thermiques coïncidassent avec les axes d'élasticité optique. Cette indication, sans être réduite, il faut l'avouer, à la dernière évidence, s'accorde parfaitement avec ce que l'on savait déjà sur la chaleur obscure. De Senarmont indique lui-même ce qui resterait à faire pour décider la question ; c'est un beau problème qu'il a légué aux jeunes physiciens ; ils ajouteront, s'ils parviennent à le résoudre, à l'honneur d'avoir éclairci un point important de la science, la satisfaction d'inscrire leurs noms à côté de celui de Senarmont.

Son travail sur les propriétés optiques des corps isomorphes fut présenté peu de temps après à l'Académie. Pour essayer d'en faire comprendre le but et la portée, il est nécessaire peut-être de remonter un peu plus haut en indiquant en peu de paroles le sens précis du mot *isomorphisme* et l'importance de l'idée qui s'y attache.

Le caractère fondamental de l'espèce qui, dans les plantes et les animaux, est tiré de la reproduction, manque complétement dans les minéraux. C'est là, pour les minéralogistes, une difficulté qui a longtemps retardé les progrès de la science ; la composition chimique fournit, il est vrai, une base précise de classification, mais cette composition n'est pas toujours facile à connaître, et aujourd'hui encore on hésite bien souvent sur la manière de grouper les éléments bruts fournis par l'analyse ; les minéralogistes ont, en outre, une répugnance que l'on comprend, à adopter un principe exclusif qui les obligerait, par exemple, à confondre la craie avec les cristaux transparents de spath d'Islande,

le charbon avec le diamant. Tout en accordant à la
composition chimique une importance prépondé-
rante, une classification réellement naturelle doit
faire nécessairement intervenir les propriétés physiques des corps.

La plus importante est la forme cristalline, dont
Haüy a prouvé l'invariabilité réelle dans une même
substance, malgré les accidents qui, pour ceux
auxquels on n'a pas livré le secret de ces méta-
morphoses, enlèvent parfois jusqu'à la plus lointaine
ressemblance entre deux échantillons d'un même
type.

Mais l'illustre créateur de la cristallographie, non
content d'avoir rattaché à une forme primitive in-
variable tous les cristaux d'une même substance,
prétendait encore que chaque substance a une forme
qui lui est propre, et qu'en dehors de certains cas
limites qu'il signale, elle ne la partage avec aucune
autre. Malheureusement il n'en est pas ainsi;
en dehors même des cas signalés par Haüy, bien
des substances sont isomorphes, c'est-à-dire qu'elles
ont même forme, sans avoir la même composition,
et qu'elles sont susceptibles de se réunir en toute
proportion, sans que cette forme soit changée.
Mitscherlich le premier, mit cette vérité en lumière;
Haüy aurait pu l'accepter sans démentir sa grande
découverte et sans en désavouer une seule consé-
quence; il lui parut pourtant, quoique très à tort,
que la perfection de sa doctrine en était amoin-

drie; et, tandis que les partisans des idées nouvelles exagéraient peut-être les analogies, il s'efforça, sans beaucoup de succès, d'en diminuer l'importance et d'en contester l'exactitude. Lui montrait-on un cristal où le fer, la magnésie et le manganèse unis avec la chaux à de l'acide carbonique laissaient subsister exactement la forme du carbonate de chaux, qu'il connaissait si bien, il prétendait que les trois autres bases étaient là en petites proportions, à l'état de mélange et non de combinaison, que le cristal était simplement un carbonate de chaux impur, dans lequel le fer, le manganèse et la magnésie, ne contribuaient pas à saturer l'acide carbonique, et si les chimistes affirmaient le contraire, c'est qu'ils se trompaient dans leur analyse. Mitscherlich accumula les preuves et multiplia en vain les exemples, Haüy mourut en 1822 sans avoir changé ses convictions.

Lorsque Senarmont s'occupa de la question, elle n'était plus sur le même terrain. Les lois de l'isomorphisme étaient incontestées et classiques. Tous les savants admettaient que des éléments doués des mêmes affinités chimiques, unis dans les mêmes proportions, doivent par cela même donner naissance à des composés de forme semblable. Mais on peut malheureusement s'égarer par des voies complétement opposées. Après avoir contesté les relations entre la composition chimique et la forme géométrique, on alla à l'autre extrémité, et de la similitude de l'enveloppe, on se crut en droit de conclure à une constitution intérieure absolument identique. Il y a cependant, au point de vue même de la structure, des différences essentielles entre les corps isomorphes, et l'isomorphisme s'accorde, avec certaines dissemblances d'organisation dont on ne peut espérer trouver les traces que dans l'étude des propriétés les plus immédiatement dépendantes de l'arrangement et de la configuration précise des éléments.

Les plus importantes et les plus nettes étant les propriétés optiques, Senarmont fut conduit naturellement à l'étude des propriétés optiques des corps isomorphes. Il a prouvé que des corps isomorphes géométriquement et chimiquement présentent souvent des propriétés optiques très-différentes, et lorsque des sels sont unis par cristallisation en rapports divers, ils modifient leurs propriétés opposées par une sorte de concession réciproque en formant des cristaux mixtes doués de propriétés intermédiaires. Ces expériences ont une grande importance; elles fournissent en quelque sorte la démonstration synthétique des causes qui peuvent produire l'inconstance extrême des propriétés optiques dans certaines familles de minéraux. On peut citer, par exemple, les topazes et surtout les micas où l'écartement des axes optiques varie de zéro jusqu'à 70 degrés. Ces variations sont liées, sans aucun doute, à des modifications dans la composition chimique, et dont la confirmation expérimentale offrirait aux chimistes un sujet de travail intéressant, nécessaire même, on peut le dire, à la minéralogie.

Senarmont s'était borné jusque-là à combler très-habilement des lacunes qu'un esprit judicieux ne pouvait manquer d'apercevoir en étudiant les théories physiques. Le mémoire sur la fabrication artificielle des minéraux a une portée plus élevée et doit exercer une plus grande et plus durable influence.

Un vieux conte de fées parle d'une princesse qui, enfermée dans un château, finit par découvrir une ouverture aux hautes murailles qui l'entourent. Elle veut en profiter pour jeter au moins un coup d'œil au dehors, mais une toile d'araignée lui barre le passage, il faut la soulever; une seconde toile est derrière la première, puis une troisième, et la pauvre princesse, après avoir épuisé ses forces sans trouver la dernière, comprend que le château est enchanté, et qu'il faut renoncer à une entreprise impossible. Si les géologues enfermés sur cette terre et cherchant l'origine des roches et des minéraux qui la composent, croyaient pouvoir remonter aux premiers principes, ils ressembleraient à la princesse du vieux conte; lorsqu'ils ont prouvé, par exemple, que le marbre a été produit par de la craie fortement chauffée sous une haute pression, ils se demanderont : d'où est venue cette craie? elle a été déposée au fond d'un lac par l'action d'une atmosphère riche en acide carbonique, sur les sels de chaux qu'il contenait. Mais on demandera alors : d'où venaient ces sels de chaux? d'où venait cet acide carbonique? et l'on est engagé, chacun le comprend, dans une voie qui ne peut se terminer.

Eh bien ! qu'importe? et pourquoi n'y pas marcher avec ardeur, puisque sans révéler d'insondables mystères, chaque pas peut néanmoins satisfaire en partie la curiosité bornée d'un homme raisonnable? Si la route est belle à parcourir, qu'importe qu'elle soit sans issue? Et si elle est d'un accès difficile, n'est-ce pas une raison pour priser plus haut encore l'habileté de ceux qui y font les premiers pas? Personne avant Senarmont n'en avait su faire de si assurés et en si grand nombre. Personne surtout ne s'était astreint à imiter aussi fidèlement dans les opérations de laboratoire les réactions présumées de la nature.

Senarmont n'était par goût ni géologue observateur, ni chimiste praticien; mais comme ingénieur, il avait fait d'excellentes cartes géologiques; comme ancien élève de Berthier au laboratoire de l'École des mines, il savait manier les méthodes les plus délicates de l'analyse minérale; il n'en fallait pas davantage pour mener à bien le grand travail qui a le plus contribué à faire connaître toute la pénétration de son excellent esprit.

Il avait assimilé dans sa pensée, les filons, ou cre-

vasses de forme irrégulière existant dans la conti-
nuité des roches, à des tubes remplis autrefois par
des eaux minérales et soumis par l'action de la terre,
et à cause de leur profondeur, à une température
élevée et à une pression considérable. Guidé par cette
idée préconçue, il prend un tube de verre, le rem-
plit d'eaux analogues aux eaux minérales, aux-
quelles il joint les éléments d'incrustation d'un
filon, il ferme ensuite le tube, et, en le chauffant à
la température de 150 à 300 degrés, il obtient la
plupart des matières cristallisées qui, dans la nature, se rencontrent dans les filons. Le quartz, les
oxisels, les sulfures, les carbonates métalliques sont
ainsi préparés, avec une perfection de forme admi-
rable, et sont identiques aux produits naturels.

Les cristaux ont, il est vrai, des dimensions mi-
croscopiques, mais le volume est ici peu important,
et, pour obtenir davantage, il ne faudrait, que l'es-
pace, le repos, et surtout le temps, instrument
puissant que l'homme ne peut se donner et qui
n'appartient qu'à la nature.

Cet usage d'un tube de verre fermé et chauffé dans
lequel on fait réagir les matières avait été entrevu
par James Hall et par Haindinger, mais à Senarmont revient l'honneur de l'avoir transformé en
un instrument de laboratoire dont les chimistes ont
su tirer depuis un parti merveilleux ; il peut être
considéré comme le créateur de la méthode dont ses
expériences ont tant généralisé l'usage.

Comme il se défiait de son habileté pratique en chimie, Senarmont, consciencieux jusqu'au scrupule, a accumulé dans son mémoire un nombre inusité de vérifications et de preuves. Aucune des substances qu'il a obtenues n'est admise par lui que sur le témoignage de deux ou trois analyses concordantes. Il y joint les démonstrations tirées de la forme cristalline et des propriétés optiques, et la réunion de ces diverses méthodes qui, par leur accord, le conduisent à la certitude, font de son travail, un modèle de logique et de rigueur scientifique.

Tels étaient, avec quelques autres de non moindre importance, les titres scientifiques de Senarmont lorsque Beudant mourut en 1851 ; ils auraient suffi à justifier aux yeux de tous, sa nomination à la place devenue vacante dans la section de minéralogie de l'Académie des sciences, si depuis longtemps, l'opinion publique n'avait désigné pour la remplir, un autre ingénieur d'un rare talent, sorti comme lui des premiers rangs de l'École polytechnique, remarqué comme lui pour l'élévation de ses vues et la variété de ses connaissances et qui, comme lui enfin, bon, loyal et aimé de tous, avait réussi à montrer beaucoup de mérite sans se faire un seul ennemi.

Bien des raisons militaient en faveur d'Ebelmen ; il était, quoique plus jeune, plus anciennement connu dans la science. Ses recherches théoriques le

plaçaient au premier rang des chimistes contempo-
rains, et ses études persévérantes sur les gaz des
hauts fourneaux avaient préparé et guidé une importante révolution métallurgique.

L'Académie hésitait entre ces deux talents de premier ordre, qu'elle comptait déjà tous deux au
nombre de ses illustrations à venir. Qui aurait pu
croire, en effet, en les voyant jeunes, actifs, pleins
de vie, qu'elle devait perdre l'un si rapidement, sans
avoir jamais possédé l'autre?

Senarmont fut nommé par vingt-neuf voix contre
vingt-cinq données à son concurrent. Trois mois
après nous suivions le convoi d'Ebelmen; on
déplora sur sa tombe, en termes éloquents, cette
carrière si belle et si rapidement brisée; bien des
paroles émues furent échangées par les amis qui
venaient de le perdre; on rappela sa récente candi-
dature, on le plaignit d'avoir rencontré un concurrent tel que Senarmont, mais à ce moment suprême,
si peu fait cependant pour la stricte équité, on ne
parla pas d'injustice.

Les membres de l'Académie qui chaque jour pou-
vaient mieux apprécier le mérite de leur nouveau
confrère, comprenaient que pour un tel homme, les
portes doivent s'ouvrir dès que les circonstances le
rendent possible, mais Senarmont, dont la justice
courtoise n'avait jamais contesté les titres de son
concurrent, regretta sincèrement, dans sa généreuse
modestie, une victoire trop chèrement achetée, si

elle avait dû attrister les derniers jours d'une vie
entourée jusque-là de tous les bonheurs, accoutumée
à tous les succès.

Pendant ces dix dernières années, hélas, si rapidement écoulées, nous avons vu en Senarmont un
académicien accompli ; son zèle toujours soutenu,
son érudition toujours prête, sa science exacte et
profonde, lui donnèrent rapidement une grande influence. Il ne l'avait pas désirée, mais il en accepta
les charges comme un devoir auquel il ne fit jamais
défaut.

Il avait été nommé successivement membre de la
commission des machines à vapeur, professeur de
minéralogie et directeur des études à l'École des
mines, examinateur de sortie, puis professeur de
physique à l'École polytechnique, où il fit presque
constamment partie du conseil de perfectionne-
ment. Il était en outre membre du comité de la Société des amis des sciences et a rempli pendant
deux ans les fonctions de secrétaire ; il avait enfin remplacé Arago aux annales de chimie et de
physique.

Tant de devoirs sérieusement acceptés, n'empê-
chaient pas Senarmont de suivre avec un intérêt
actif tous les progrès de la science ; il visitait les
laboratoires, comme dans sa jeunesse il avait visité
les usines ; chacun aimait à lui confier ses espé-
rances et à lui soumettre ses projets. Bien souvent
son esprit essentiellement pratique, son jugement

droit et géométrique y venaient en aide aux plus habiles ; quiconque avait fait ou projeté une expérience importante, s'empressait de la lui communiquer ; sa visite ne se faisait pas attendre. Cette ardeur à voir naître les découvertes, l'attirait souvent à l'École normale supérieure. Il aimait cette grande école qui, chargée de former des professeurs, ne croit sa tâche accomplie que quand elle a fait des savants. Il y admirait surtout ces deux hommes éminents, si excellents, si dévoués à la science qui, pour compléter l'enseignement officiel, ouvrent libéralement leur propre laboratoire et admettant les jeunes gens à la confidence de leurs projets, au spectacle de leurs tentatives, leur enseignent pratiquement l'art d'inventer.

Un jour dans le laboratoire de M. Henri Deville, il avait suivi avec une curiosité émue, la cristallisation si intéressante et si ingénieusement obtenue du silicium ; l'heureux inventeur courant à son goniomètre, trouve un angle de cristal égal à 71° 30', et s'écrie plein de joie : — il appartient au système régulier, c'est un *diamant de silicium !* Senarmont répète la mesure, trouve à peu près le même angle, mais conserve quelques doutes. Il emporte le précieux cristal, et revient le lendemain. — Vous vous êtes trompé, dit-il, c'est un rhomboèdre dont un angle est égal accidentellement à un de ceux du système régulier, puis il montre des facettes incompatibles avec une cristallisation semblable à celle du diamant. M. Deville s'incline devant une autorité incontestée ; il communique sa découverte à l'Académie des sciences, rend compte de ses premières illusions, et des judicieuses critiques qui l'y ont fait renoncer. A peine le compte rendu est-il imprimé, qu'il voit accourir Senarmont, très-sérieusement mécontent : — Pour qui me prenez-vous ? dit-il ; si je viens dans votre laboratoire, si j'y suis admis à tout voir et à tout manier, croyez-vous que ce soit pour vous imposer un collaborateur et attacher mon nom à vos découvertes ? je suis très-mécontent que vous m'ayez cité, si vous recommencez, je ne reviendrai plus. A quelques jours de là, on refait l'expérience ; Senármont examine les cristaux, il y aperçoit un octaèdre ; le doute n'était plus possible, la nature était prise sur le fait : — Vous aviez raison, dit-il à M. Deville ; mes facettes provenaient du groupement de plusieurs cristaux, j'aurais dû le deviner ; je suis bien aise que vous m'ayez cité, j'ai ce que je mérite, cela fait mon compte. — Vous reconnaissez donc, lui dit M. Deville que, loyalement, je devais publier l'observation des facettes sous votre nom. — Eh bien oui, répond Senarmont, vous êtes un brave homme... et moi aussi, et ils s'embrassèrent.

Je vous retiendrais bien tard, si j'avais voulu recueillir et raconter tous les traits de ce genre dont les amis et les disciples de Senarmont ont gardé le souvenir. Sa libéralité scientifique était inépuisable.

On comprend que, se donnant ainsi tout à tous et utilisant sans cesse, le plus souvent dans l'intérêt d'autrui, les précieuses facultés de son esprit, il n'ait pas eu le loisir de terminer pour son compte un seul ouvrage de longue haleine, et l'on se tromperait beaucoup en jugeant Senarmont seulement sur ses œuvres imprimées. Il fit cependant à l'Académie plusieurs communications pleines d'intérêt, et surtout d'excellents rapports, qui seront longtemps consultés comme des modèles. Nul n'avait à un plus haut degré le sentiment du grand et du beau dans la science, et il excellait à mettre en relief les travaux de grande importance. L'autorité de son nom ne les servait pas moins que la clarté de son exposition. Il ne craignait pas cependant de tempérer les éloges par de sages restrictions, et suspendait parfois son jugement sur les points délicats, car il était de ceux qui savent douter et qui ne craignent pas de le dire.

La confiance qu'il inspirait et l'habitude de toujours compter sur lui, le faisaient parfois désigner pour examiner des travaux dont il ne pouvait juger qu'imparfaitement. Senarmont, toujours sincère et trop réellement savant pour chercher à le paraître, sans vouloir se donner du jour au lendemain une compétence superficielle, laissait alors à des collègues mieux préparés ou moins modestes, tout l'honneur, mais aussi toute la responsabilité du travail commun.

Son travail de prédilection était, dans ces dernières années, la préparation d'une édition complète des œuvres de Fresnel. C'était un monument qu'il voulait élever à la mémoire du grand homme qu'il a tant admiré. Fresnel, en effet, mort à l'âge de trente neuf ans, a laissé beaucoup à deviner, beaucoup à éclaircir, et, comme d'autres inventeurs de génie, il peut difficilement se passer d'un commentaire. M. le ministre de l'instruction publique, toujours prêt à seconder les entreprises où s'attache la gloire scientifique du pays, avait voulu que ce grand ouvrage fût publié aux frais de l'État, faisant suite aux œuvres de Laplace, déjà publiées sous la direction de Poinsot, à celles de Lavoisier, si heureusement confiées à M. Dumas, et précédant, dans cette belle collection, les œuvres de Lagrange, dont M. Serret dirigera la publication.

N'est-on pas heureux, Messieurs, de voir, dans les différentes branches de la science, les hommes les plus éminents de notre époque consacrer une partie de leurs veilles à mettre en lumière les titres immortels de leurs glorieux prédécesseurs ?

Le dévouement et l'ardeur de bien faire soutinrent Senarmont dans cette tâche jusqu'aux derniers jours de sa vie. Le travail, très-avancé, a trouvé un continuateur digne de l'apprécier. M. Verdet achèvera avec autorité ce que Senarmont avait commencé avec tant d'amour et de zèle.

La mort si subite, si peu prévue, de notre confrère,

laisse parmi nous un vide qui subsistera longtemps. La science, qui s'accroît toujours, profitera de ses travaux, et son œuvre trouvera des continuateurs. Mais qui de nous lui succédera dans le rôle que lui assignaient le respect et la confiance de tous ?... C'est vers lui que les regards se tournaient quand il fallait à l'improviste juger de l'exactitude et de la portée d'une idée nouvelle. Sa critique bienveillante et élevée embrassait toutes les sciences ; il n'était étranger à aucune ; aucune œuvre sérieuse ne le laissait indifférent. On attendait son jugement comme un arrêt. Son approbation était un encouragement pour tous, et pour les jeunes gens une précieuse récompense. Il troublait parfois les esprits les plus confiants par sa raison spirituelle et forte et par la perfection de sa logique, mais il n'a jamais compris que l'on prétendît imposer une opinion ou régler la marche des sciences autrement qu'en s'efforçant d'avoir toujours raison, dans une discussion toujours ouverte et toujours libre.

Notre génération scientifique citera longtemps de Senarmont comme un des hommes les meilleurs, les plus éclairés, les plus ardents au bien, qu'elle ait eu le bonheur de posséder ; et lorsque nous lirons dans Montaigne, que la science trop avidement recherchée, abêtit et émousse l'esprit, lorsque l'autorité tranchante de Bossuet nous affirmera, ce qui serait plus triste encore, que sous prétexte de nourrir l'intelligence, elle étouffe les bonnes affections, nous penserons à notre bon, aimable et noble confrère, et nous nous répéterons avec confiance que l'étude continuelle des sciences n'émousse pas l'esprit, qu'elle ne dessèche pas le cœur, et que nous en sommes bien sûrs.

PARIS. — IMPRIMERIE DE CH. LAHURE

Rue de Fleurus, 9.

www.ingramcontent.com/pod-product-compliance
Ingram Content Group UK Ltd.
Pitfield, Milton Keynes, MK11 3LW, UK
UKHW021148140726
13695UKWH00005B/2014